Yves-Alexandre Thalmann

Caderno de exercícios para viver sua raiva de forma positiva

Ilustrações de Jean Augagneur

Tradução de Stephania Matousek

Petrópolis

© Éditions Jouvence S.A., 2010
Chemin du Guillon 20
Case 143
CH-1233 — Bernex
http://www.editions-jouvence.com
info@editions-jouvence.com

Tradução do original em francês intitulado *Petit cahier d'exercices pour vivre sa colère au positif*

Direitos de publicação em língua portuguesa — Brasil:
2015, Editora Vozes Ltda.
Rua Frei Luís, 100
25689-900 Petrópolis, RJ
www.vozes.com.br
Brasil

Todos os direitos reservados. Nenhuma parte desta obra poderá ser reproduzida ou transmitida por qualquer forma e/ou quaisquer meios (eletrônico ou mecânico, incluindo fotocópia e gravação) ou arquivada em qualquer sistema ou banco de dados sem permissão escrita da editora.

CONSELHO EDITORIAL

Diretor
Volney J. Berkenbrock

Editores
Aline dos Santos Carneiro
Edrian Josué Pasini
Marilac Loraine Oleniki
Welder Lancieri Marchini

Conselheiros
Elói Dionísio Piva
Francisco Morás
Teobaldo Heidemann
Thiago Alexandre Hayakawa

Secretário executivo
Leonardo A.R.T. dos Santos

PRODUÇÃO EDITORIAL

Aline L.R. de Barros
Anna Catharina Miranda
Eric Parrot
Jailson Scota
Marcelo Telles
Mirela de Oliveira
Natália França
Priscilla A.F. Alves
Rafael de Oliveira
Samuel Rezende
Verônica M. Guedes

Editoração: Gleisse Dias dos Reis Chies
Projeto gráfico: Éditions Jouvence
Arte-finalização: Sheilandre Desenv. Gráfico
Capa/ilustrações: Jean Augagneur
Arte-finalização: Editora Vozes

ISBN 978-85-326-4962-1 (Brasil)
ISBN 978-2-88353-884-9 (Suíça)

Este livro foi composto e impresso pela Editora Vozes Ltda.

Dados Internacionais de Catalogação na Publicação (CIP)
(Câmara Brasileira do Livro, SP, Brasil)

Thalmann, Yves-Alexandre
 Caderno de exercícios para viver sua raiva de forma / positiva / Yves-Alexandre Thalmann ; ilustrações de Jean Augagneur ; tradução de Stephania Matousek. — Petrópolis, RJ : Vozes, 2015. — (Coleção Cadernos: Praticando o Bem-estar)

 Título original : Petit cahier d'exercices pour vivre sa colère au positif

 11ª reimpressão, 2025.

 ISBN 978-85-326-4962-1

 1. Autorrealização 2. Otimismo I. Augagneur, Jean. II. Título. III. Série.

14-13461 CDD-158.1

Índices para catálogo sistemático:
1. Otimismo : Psicologia aplicada
158.1

A raiva tem péssima reputação. Ela causa desconfiança, pois frequentemente está associada à violência e agressividade.

No entanto, a raiva também tem lados positivos: sem ela, é difícil fazer com que nossos direitos sejam respeitados e suscitar mudanças ao nosso redor!

A questão é, portanto, saber domar a raiva: aprender a usar sua energia sem sucumbir à violência. E, sobretudo, aprender a neutralizar as múltiplas contrariedades que permeiam o cotidiano e varrer todos os aborrecimentos inúteis que estragam a nossa vida.

Está na hora de aprender a se reconciliar com a raiva...

I. o encontro da raiva

Como você enxerga a raiva?
Para sabê-lo, anote todas as palavras e ideias que vêm à sua cabeça quando você pensa em raiva:

Sublinhe de verde as palavras conotadas positivamente e de vermelho as que lhe pareçam negativas. Depois, faça as contas

Positivas:

Negativas:

Você considera a raiva como essencialmente negativa (perigosa, violenta, desrespeitosa, destrutiva)?

A raiva também tem lados positivos:
- Mobilização de energia (principalmente para se defender),
- Incentivo para mudanças,
- Força para fazer com que seus limites sejam respeitados,
- Intimidação para não deixar os outros pisarem em você.

Você é capaz de reconhecê-los?

A raiva não é nem boa nem ruim em si. São a expressão e a utilização dela que fazem a diferença!

Vamos parar de julgar a raiva e aprender a utilizá-la de maneira construtiva!

As emoções fundamentais

Psicólogos identificaram **seis emoções fundamentais ou primárias**. Elas já estão, de fato, presentes nos bebês, bem como nos primatas, e, sobretudo, são **claramente identificáveis no rosto**. Elas desempenham, portanto, um papel para a sobrevivência (reconhecer o medo no rosto de um congênere permite fugir mais rápido!).

Será que você consegue identificar as seis emoções fundamentais?

....

....

alegria, tristeza, medo, raiva, nojo e surpresa

Você sabia?
As expressões do rosto mobilizam 40 músculos: zigomático, orbicular, corrugador etc.

A raiva é uma emoção fundamental, presente desde a mais tenra infância - e isso, em todas as culturas.

O que é a raiva?

A raiva é uma emoção, isto é, **uma reação** de todo o organismo face a uma situação que a deflagra. Essa reação induz modificações **no corpo** e **na mente**.

A raiva se manifesta no corpo através de:
- uma expressão facial característica;
- punhos fechados;
- aceleração do ritmo cardíaco;
- aumento da frequência respiratória;
- elevação da temperatura;
- crispações musculares;
- etc.

Anote aqui as modificações corporais que você percebe conscientemente quando está com raiva:

Você consegue controlar essas modificações fisiológicas?
☐ acho que sim ☐ acho que não

As modificações corporais que acompanham a raiva são pilotadas pelo sistema nervoso autônomo (SNA). É a parte do sistema nervoso que gerencia as funções vitais de forma automática, fora do controle de nossa vontade. Isso explica por que temos tão pouco poder para modificá-las voluntariamente. Com exceção do ritmo respiratório e das contrações musculares!

Na próxima vez em que você ficar com raiva, tente prestar atenção na sua respiração e na crispação de suas mãos e antebraços.

Lembre-se de relaxar a tensão das suas mãos.

Descontraia seus antebraços: deixe-os soltos ao longo do seu corpo.

Dirija sua consciência até suas mãos e antebraços. Relaxe-os.

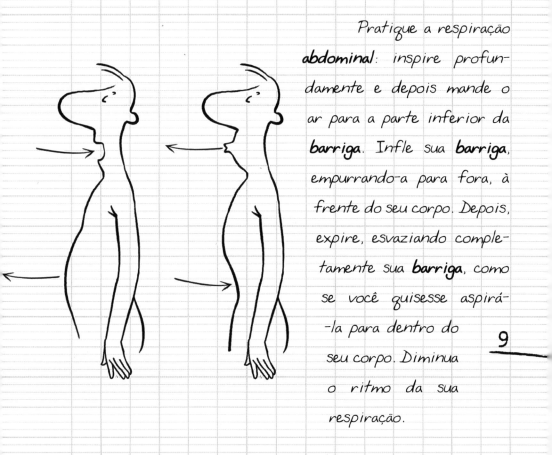

Pratique a respiração **abdominal**: inspire profundamente e depois mande o ar para a parte inferior da **barriga**. Infle sua **barriga**, empurrando-a para fora, à frente do seu corpo. Depois, expire, esvaziando completamente sua **barriga**, como se você quisesse aspirá-la para dentro do seu corpo. Diminua o ritmo da sua respiração.

Diminua o ritmo da sua respiração e respire com a barriga.

Treine fazer respirações abdominais regularmente, em sequências de três ou quatro minutos.
Por que esperar antes de começar?
Largue seu caderno e concentre-se na sua respiração.
Ela vai ficando calma e ampla.

Calma e ampla

Calma e ampla

Calma e ampla

Por que sentimos raiva?
Se sentimos raiva é porque nosso cérebro foi programado para isso (Aliás, esse também é o caso de todas as outras emoções!
Ela tem, portanto, **uma utilidade para a nossa sobrevivência!**

Para saber que utilidade é essa, liste abaixo cinco situações em que você tenha sentido raiva:

1.

2.

3.

4.

5.

Qual é o ponto em comum de todas essas situações?

A raiva surge quando nossos planos são **atrapalhados** ou quando um **obstáculo** se impõe em nosso caminho: um congestionamento; uma máquina que pifou; um colega que está fazendo complô contra nós; nosso(a) cônjuge, que nos ataca com críticas; nossos filhos, que desobedecem etc.

Raiva ⇔ Obstáculo

Vale lembrar que uma injustiça percebida é um obstáculo ao nosso desejo de um mundo ideal!

<u>Releia com calma as cinco situações anteriores. Destaque os obstáculos que se encontram nelas:</u>

1.
2.
3.
4.
5.

A raiva é, portanto, uma emoção que surge como uma reação passageira a um obstáculo que se ergue diante de nós. Ela mobiliza nossa energia, de modo a nos ajudar a superar tal obstáculo.

A raiva é uma herança genética de nossos ancestrais.

A princípio, a raiva está inscrita em nós para permitir que nos defendamos em caso de agressão, ganhemos lutas contra adversários ou intimidemos alguém o bastante para evitar um combate. Ou seja, para **derrubar** os obstáculos que se erguem diante de nós e ameaçam nossa sobrevivência.

É por isso que raiva e violência muitas vezes são associadas. Você já reparou como as reações instintivas ditadas pela raiva são destrutivas?

- Batemos nas coisas que resistem a nós.

- Jogamos objetos no chão.

- Insultamos quem nos aborrece.

- Ameaçamos quem se opõe a nós.

Saiba tirar proveito da energia transmitida pela raiva, sem sucumbir à violência!

Quanto mais formos provocados, mais nos tornamos eficientes... mas até certo ponto. Depois, o excesso de agitação nos desestabiliza, e nossas ações ficam desorganizadas. Cabe a cada um encontrar o seu próprio ideal.

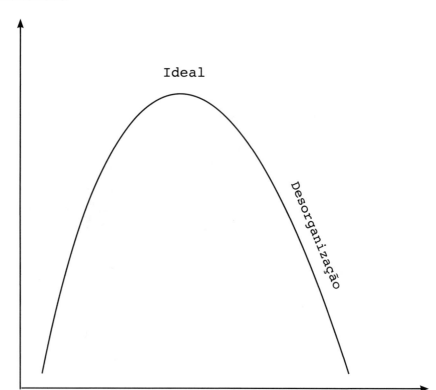

O círculo vicioso da raiva

A raiva não afeta apenas o corpo. Ela também modifica o rumo dos pensamentos.

Quando você está com raiva, quais são os pensamentos que ocupam sua mente? O que acontece dentro da sua cabeça?

Sob o jugo da raiva, a atenção é completamente dirigida para o obstáculo, e nossas opiniões se tornam essencialmente negativas: os outros viram imbecis, incompetentes, maus, chateiam-nos de propósito, apenas com o objetivo de nos prejudicar; nós nos tornamos idiotas, incapazes; o mundo fica repleto de objetos que não obedecem ao nosso comando, não funcionam direito e são mal-feitos!

A raiva é um tanto desagradável de se viver e leva a pessoa a interpretar os acontecimentos de forma negativa.

As interpretações negativas nos levam a ver ainda mais motivos de aborrecimento ao nosso redor. O que aumenta nossa raiva. O que nos faz interpretar as coisas de forma ainda mais negativa. E assim por diante.

Constatação:
A raiva se autoalimenta.

Um amigo chega atrasado ao encontro marcado.

↓

"Que falta de respeito!"

↓

Aborrecimento

↓

"Eu tenho certeza de que ele saiu de casa no último minuto.
Ele não está nem aí que eu tenha de ficar esperando."

↓

Irritação

↓

"E, além disso, está chovendo! Que tempo chato!"

↓

Exasperação ⟶ (retorna a "Que falta de respeito!")

A raiva resiste ao tempo

Liste abaixo três acontecimentos passados que tenham despertado uma grande raiva em você (maior do que 7 em uma escala de 0 a 10). Calcule o seu grau de irritação naquele momento.

1.

2.

3.

Quando sucederam esses acontecimentos?

Indique a data exata ao lado da descrição de cada acontecimento.

Quanto tempo já passou desde os acontecimentos?
Indique a duração.

Quando você se lembra deles hoje, qual o grau da sua raiva, na mesma escala de 0 a 10?
Indique sua avaliação.

Exemplo:
Meu marido me traiu há dez anos. Eu fiquei furiosa (10 em uma escala de 10). Ai, quando eu penso que ele foi capaz de fazer isso comigo! Eu ainda fico indignada (5 em uma escala de 10).

Constatação:
O tempo atenua, mas não apaga o aborrecimento. Quase toda vez que nos lembramos de uma situação que causou imensa raiva no passado, sentimos raiva no presente.

Quando se torna duradoura, uma raiva que no início é passageira vira amargura, rancor, ressentimento, azedume e ódio. Ela se opõe ao esquecimento e perdão, alimentando um desejo de vingança.

Teste: você é nervoso(a)?

Para sabê-lo, peça para alguém que (a) conheça bem (cônjuge, parentes, amigos etc.) responder às perguntas a seguir.
<u>Escreva o seu nome nas lacunas de cada pergunta.</u>

```
Resposta A = totalmente verdadeiro
Resposta B = parcialmente verdadeiro
Resposta C = parcialmente falso
Resposta D = totalmente falso
```

☐A ☐B ☐C ☐D 1. .... é do tipo que tem pavio curto.

☐A ☐B ☐C ☐D 2. .... levanta rapidinho o tom de voz em caso de desavença.

☐A ☐B ☐C ☐D 3. .... gosta de ter a última palavra.

☐A ☐B ☐C ☐D 4. .... diz palavras duras/insultos/ofensas quando está nervoso(a).

☐A ☐B ☐C ☐D 5. .... se irrita por qualquer coisinha.

☐A ☐B ☐C ☐D 6. .... não suporta esperar.

☐A ☐B ☐C ☐D 7. .... parece estar sempre tenso(a) e com os nervos à flor da pele.

☐A ☐B ☐C ☐D 8. .... às vezes me dá medo.

☐A ☐B ☐C ☐D 9. .... realmente deveria ver as coisas com mais calma.

☐A ☐B ☐C ☐D 10. .... rebate imediatamente: bateu, levou.

Agora é sua vez!

Responda às perguntas a seguir sobre você mesmo(a). Não marque as respostas com base em como você gostaria de ser, mas sim como você reage na realidade.

☐A ☐B ☐C ☐D	1. Eu sou do tipo que tem pavio curto.
☐A ☐B ☐C ☐D	2. Eu levanto rapidinho o tom de voz em caso de desavença.
☐A ☐B ☐C ☐D	3. Eu gosto de ter a última palavra.
☐A ☐B ☐C ☐D	4. Eu digo palavras duras/insultos/ofensas quando estou nervoso(a).
☐A ☐B ☐C ☐D	5. Eu me irrito por qualquer coisinha.
☐A ☐B ☐C ☐D	6. Eu não suporto esperar.
☐A ☐B ☐C ☐D	7. Eu pareço estar sempre tenso(a) e com os nervos à flor da pele.
☐A ☐B ☐C ☐D	8. Eu às vezes deixo os outros com medo.
☐A ☐B ☐C ☐D	9. Eu realmente deveria ver as coisas com mais calma.
☐A ☐B ☐C ☐D	10. Eu rebato imediatamente: bateu, levou.

Contagem:

    Resposta A = 4 pontos
    Resposta B = 3 pontos
    Resposta C = 2 pontos
    Resposta D = 1 ponto
....   + ...

Resultado do amigo/parente: …… + Seu próprio resultado: ……
―――
                             2

= resultado médio: ……

Resultados:

- **30 ou mais pontos:**
  Cuidado! Parece que a raiva é sua fiel companheira. Mas quais são as consequências disso para os outros e para você mesmo(a)?! Está na hora de você refletir sobre a questão.

- **Entre 20 e 29 pontos:**
  Você não é especialmente nervoso(a). Porém, um total que ultrapasse 20 já indica uma tendência à raiva. Continue a leitura deste caderno, praticando atentamente os exercícios da última parte.

- **19 ou menos pontos:**

Cuidado! Parece que você rejeita a raiva, o que pode suscitar comportamentos inadequados. Você não tem a impressão de não ser respeitado(a) e de que os outros pisam em você? Está na hora de reagir e se reconciliar com a raiva.

Observação:

Quanto mais os resultados do amigo/parente e o seu divergirem, mais a imagem que você tem de si mesmo(a) pode ser falsa. Peça para outra pessoa responder à primeira série de perguntas e compare os resultados obtidos. Se a tendência se confirmar, pode ser que a imagem que você cultiva de si mesmo(a) não corresponda à realidade!

II. Expressar a raiva

"Tanto se perde por demais como por de menos."
Adágio popular

A raiva é uma emoção como todas as outras. Enquanto tal, ela tem um lugar certo dentro de nós. Embora seja um tanto desagradável vivê-la, a raiva nos indica que, momentaneamente, nosso equilíbrio não está mais sendo garantido e que uma de nossas necessidades não está mais sendo satisfeita. Ela nos incita, então, a agir.

Não é a raiva que é problemática, mas sim os atos que ela provoca.

Como você se comporta quando está irritad(a)?

O que eu faço...	O que eu digo...

Sublinhe de vermelho tudo o que lhe pareça nocivo para si mesm(a) e para os outros, a curto e longo prazo.

Tem muito vermelho, não é?

Parece então que aquele ditado realmente está certo:

A raiva é má conselheira.

Por essa razão, a raiva é condenada pela maioria das religiões:

- É um dos sete pecados capitais definidos por São Gregório (ira, orgulho, luxúria, avareza, inveja, preguiça e gula).

- É um dos cinco obstáculos no Caminho identificado por Buda (raiva, cobiça, agitação, dúvida e torpor).

Lá vem o ataque!

Sob o impacto de uma raiva moderada, nossas ações podem ser eficientes, e nossas palavras, corretas. Porém, como a raiva é desvalorizada, aprendemos a guardá-la para nós, reprimindo-a, em vez de expressá-la diretamente. Os aborrecimentos e frustrações então se acumulam dentro de nós em excesso: vem então um ataque de fúria e uma explosão descontrolada.

Quais foram as **mensagens restritivas** que você recebeu quando era criança a respeito da raiva?

- É muito feio uma mulher com raiva!
-
-
-

Um ataque de raiva (e de tristeza, idem) sempre é sinal de que você reprimiu e acumulou sentimentos antes.

Nos próximos dias, procure identificar os pequenos aborrecimentos e frustrações que você engole ou engoliu:

1. Meu chefe não me cumprimenta.
2. Não tinha mais papel higiênico quando eu estava no banheiro.
3. Meu filho não arrumou o quarto dele.
4. O computador pifou.

Agora é sua vez!

-
-
-
-
-
-
-
-
-

Para evitarmos ataques de raiva, devemos expressar regularmente nossas pequenas frustrações!

Perigo para o coração!
E o que os médicos dizem a respeito da raiva?

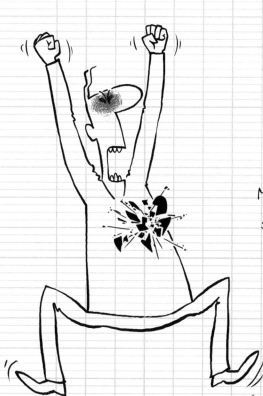

Muitos estudos mostram que pessoas nervosas **têm mais risco de sofrerem um acidente cardiovascular**. Isso vem junto com outros fatores de risco: tabagismo, excesso de peso, hipertensão, colesterol alto, sedentarismo etc.

> ***Você sabia?***
> A palavra cólera, que também designa a raiva, vem do grego *khôle*, que significa "bílis".

Então, está decidido: Você não deve mais ficar com raiva para preservar sua saúde?

PARE Pare! Não é tão simples assim!

Os médicos também dizem que a raiva reprimida é nociva para o organismo, em especial para as artérias – e para o sistema imunitário, por causa dos efeitos da adrenalina.

Explicações:

A raiva mobiliza energia e prepara o corpo para agir: aceleração da frequência cardíaca, elevação do ritmo respiratório e aumento da temperatura. Para isso, o organismo libera gorduras no sangue para queimá-las, mecanismo que não está sob o controle da vontade.

Uma raiva interiorizada também libera gorduras, mas não as queima através de nenhuma ação. Portanto, elas podem se alojar livremente nas paredes das artérias, aumentando, com o tempo, o risco de infarto ou AVC.

É nocivo interiorizar e inibir nossa raiva!

Suas estratégias face à raiva

Quais são as maneiras como você lida com a raiva?

- Eu saio para fazer compras.
- Eu fumo.
- Eu vou gritar em uma floresta.
- Eu dou um soco em um travesseiro.
- Eu bebo.
- Eu pratico uma atividade física.
- Eu desabafo sobre a situação com um amigo.
- Eu extravaso a raiva com um *videogame*.
- Eu tomo um calmante.

Risque com uma caneta hidrográfica preta as estratégias que trazem mais desvantagens do que vantagens a longo prazo!

O meio termo

Quando estamos aborrecidos, é preciso evitar:

Explodir
Detonação bruta e brutal nos outros.

Implodir
Interiorização que perturba o equilíbrio interno.

Mas é sensato:

Expressar
Verbalização para exteriorizar

> **Você sabia?**
> Estudos demonstram que o fato de anotar regularmente em um diário íntimo as emoções que sentimos tem visíveis impactos positivos em nossa saúde.

As emoções são produzidas principalmente no cérebro dit[o] límbico. A amígdala cerebral é o maestro, capaz de comanda[r] reflexos.

Já ficou comprovado, a partir de técnicas de ressonânci[a] magnética do cérebro, que solicitar os neurônios do pensa[-]mento (córtex pré-frontal) permite reduzir a atividade d[o] cérebro límbico e da amígdala cerebral, além de, ao mesm[o] tempo, retomar o controle dos gestos efetuados.

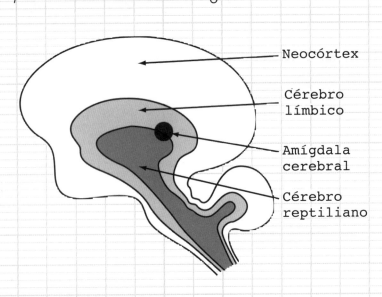

Pensar sobre uma emoção permite reduzir sua intensidade. Verbalizá-la ajuda a retomar o controle dela.
Quando eu digo que "estou com raiva", eu já fico com menos raiva.

Putz grila!
Quais são suas **exclamações** preferidas quando você prageja de raiva?
Como este caderno lhe pertence, você não é obrigad(a) a se censurar... Vá em frente, isso faz tão bem!

Muitas dessas exclamações são chulas e não podem ser soltas em qualquer lugar - principalmente na frente de crianças!

Seja criativo(a)!

Imagine novas exclamações, mais originais e decentes em tudo quanto é lugar:

- Ora, Bolas!
- Raios o partam!
- Pombas!
- Ponte que partiu!
- Porca miséria!
- Carambola!
- Que meleca!
- Cacilda!

Sem esquecer famosos bordões da televisão:

"Tolerância zero!" (Seu Saraiva) "Tá, tá, tá, táááá!" (Professor Girafales) "Eu salguei a Santa Ceia!" (Félix) Etc.

Você com certeza vai rir da próxima vez que utilizá-los!

O humor é um bom antídoto para a raiva!

Mensagens-eu

Para comunicar a raiva com respeito e sem perigo para os outros, existe uma ferramenta de comunicação: as **mensagens-eu**.

Ela consiste em expressar nossa raiva na primeira pessoa do singular - **Eu** -, em vez de acusar os outros, insultar, ameaçar ou depreciar **VOCÊ**. É uma forma de assumir nossa raiva, ao invés de jogar a responsabilidade nas costas dos outros e recriminá-los.

Em vez de dizer:	**Você pode dizer:**
Você não passa de um imbecil!	Eu fico chateado(a) quando escuto isso!
Seu canalha!	Eu fiquei chateado(a) quando soube o que você fez!
Você me irrita!	Eu estou irritado(a)!

Risque as expressões da primeira coluna para se acostumar a rejeitá-las!

Lição de vocabulário

Quantas palavras diferentes você conhece para exprimir as nuances da raiva?

Liste-as abaixo:

-
-
-
-
-
-
-

Na verdade, existem inúmeros termos (muito mais do que os que costumamos utilizar...) para expressar nossa raiva:

a ponto de explodir
aborrecido
agastado
agressivo
amargo
arreliado
arrepiado
atazanado
  bravo
    chateado
    com ódio
    com os nervos à flor da pele
    com sede de vingança
    contrariado
      descontrolado
        encolerizado
        enfezado
        enraivecido
        exasperado
          feroz
          fora de si
          frustrado
          furibundo
          furioso
            histérico
            horrorizado
            hostil
              impaciente
              impetuoso
              indignado
              insatisfeito
              irado
              irascível
              irritado
                morrendo de raiva
                  nervoso
                    ofendido
                      raivoso
                      rancoroso
                      revoltado
                        ultrajado
                          zangado

Copie no espaço a seguir (e aprenda!) as palavras que você pode incorporar ao seu vocabulário pessoal.

Minhas palavras de raiva:

Exercício de revisão

Reformule as frases abaixo de modo que elas expressem raiva, sem violência nem acusação (mensagens-eu):

a. Você quer me deixar louco(a) com a sua estupidez!
b. Depois não reclame se você levar uma bordoada minha!
c. Como você consegue ser tão idiota?
d. Você não passa de um(a) grande babaca!
e. Vai tomar no c...!
f. Você não perde por esperar!

Exemplos de soluções:

a. Eu fiquei muito chateado(a) quando vi o que você fez!
b. Eu estou tão irritado(a) que tenho medo de não conseguir me controlar!
c. Eu perco a cabeça quando constato que você não sabe fazer isso!
d. Eu estou furioso(a) com você!
e. Eu estou tão irado(a) que nem quero mais falar com você!
f. Eu estou indignado(a) e gostaria de me vingar de você!

Para aquelas e aqueles que têm medo da raiva

Certas pessoas são **incapazes de expressar raiva**: elas não têm a impressão de senti-la ou então a reprimem e não a expressam de jeito nenhum, pensando que é feio, vil, vulgar e indigno de uma criatura bem-educada ou civilizada.

Se você se reconhece nessa descrição, está na hora de se reconciliar com a raiva, antes que sua saúde sofra por causa disso. Talvez já seja o caso: surtos de eczema, crises de asma, úlceras no estômago, insônias, angústias, depressão etc.

É impossível nunca sentir raiva ou aborrecimento, visto que é uma emoção fundamental.

A raiva é uma reação sadia face a:

- *agressões,*
- *injustiças,*
- *impotência,*
- *obstáculos.*

Pessoas incapazes de exprimir sua raiva canalizam sua insatisfação através de:

> Cinismo
> Ironia
> Sarcasmos
> Uma atitude arrogante
> Muitos juízos de valor sobre os outros

> Tristeza
> Melancolia
> Depressão

> Problemas de saúde recorrentes

Quais são seus próprios comportamentos para evitar a raiva?

....
....
....

....
....
....

....
....
....

A partir de hoje, eu vou ousar ficar com raiva!

III. Purificar a raiva

Como já vimos, a raiva é **uma emoção importante**: ela mobiliza **a energia** necessária para que possamos nos **defender** e **superar obstáculos**. Ela tem um lugar certo dentro de nós, como se fosse uma aliada pronta para vir nos ajudar a qualquer instante.

Porém, como aprendemos a olhar a raiva com desconfiança, não sabemos encará-la de maneira adequada. Daí os excessos destrutivos. Daí uma interiorização nociva para nossa saúde!

Quando você estiver com raiva, assuma e canalize esse sentimento através de palavras respeitosas. Comunique-o com o auxílio de **mensagens-eu**.

No entanto, aprenda também a se **irritar menos**. Nem todas as nossas raivas são úteis e benéficas, longe disso! Muitos aborrecimentos poderiam ser evitados. Vamos treinar neutralizar irritações fúteis e supérfluas – ou seja, a maioria delas!

Veja a seguir um método comprovado para parar de se irritar à toa:

Aviso importante!

Esta terceira parte só deve ser efetuada após as duas primeiras, depois que você já tiver se reconciliado com a raiva!

É essencial entender que não se trata de controlar a raiva (contê-la dentro de si), mas sim conviver em bons termos com ela. Não reprimi-la, mas sim evitar deflagrá-la e alimentá-la. Não **domá-la**, mas sim **amansá-la**!

Sensor de irritação

Para saber como você lida com irritações e aborrecimentos, preencha o quadro a seguir **durante uma semana inteira**. Todo dia, anote escrupulosamente **todas** as situações nas quais você tiver ficado irritad(a).

Não trapaceie, escreva até as mais insignificantes: um pacote de arroz que caiu no chão, a privada que entupiu, a cafeteira que ficou sem água etc.

Não tem dia de descanso para a raiva! ↘

Segunda	Terça	Quarta	Quinta	Sexta	Sábado	Domingo

Impressionante, não é?

Agora, estabeleça uma parada de sucessos das dez situações mais repetitivas, indo da mais frequente até a menos frequente.

1.
2.
3.
4.
5.
6.
7.
8.
9.
10.

Quais delas você deseja mudar em prioridade?
Anote de vermelho, ao lado de cada uma, a ordem de importância em que você gostaria de tratá-las (curá-las), usando um número de 1 a 10.

Estratégia 1: um mundo perfeito

Por trás da irritação há frequentemente uma **negação da realidade**. A pessoa tenta eliminar mentalmente o obstáculo que a atrapalha. Seu aborrecimento fica à altura de sua intolerância à frustração.

É por imaginarmos um **mundo perfeito**, onde tudo **poderia** acontecer de acordo com nossos desejos, que nos irritamos quando as coisas não andam como previsto.

Exemplo:

Situação de aborrecimento	Razão
Eu me irrito quando estou dirigindo e vejo que outros motoristas não respeitam as regras de trânsito.	Eu acho que todos os motoristas deveriam respeitar as regras de trânsito perfeitamente.
Eu me irrito quando não consigo concluir um trabalho manual como gostaria.	Eu acho que minhas competências e as ferramentas à minha disposição deveriam bastar para terminar a tarefa.
Eu me irrito quando meus filhos não obedecem imediatamente.	Eu acho que meus filhos deveriam me obedecer incontinente e à risca.
Eu me irrito quando não está pegando nenhum sinal de operadora de celular e eu tenho de fazer uma ligação.	Eu acho que a rede da operadora deveria cobrir todas as regiões e todos os espaços.

Agora está na sua vez de preencher as últimas linhas com seus próprios motivos de aborrecimento.

O humor como remédio!

Certas reações não podem se produzir simultaneamente: é impossível, por exemplo, ficar angustiado e, ao mesmo tempo, relaxado (especialistas chamam isso de inibição recíproca). Aprender a relaxar permite, portanto, fazer a angústia diminuir.

Existiria então algum comportamento incompatível com a raiva?
Sim, o **riso** e o **humor**!
É impossível rir e se irritar ao mesmo tempo.

Assim, nas situações em que começamos a nos irritar, podemos imaginar como as coisas deveriam acontecer em um **mundo perfeito**, exagerando nosso desejo, de modo a extrair seu aspecto irrealista e, sobretudo, cômico. Por exemplo, imaginando que uma **lei antifrustração** fosse votada.

Exemplos:

Eu me irrito quando tenho de esperar na fila para ser servido(a).

> É um escândalo! Deveriam imaginar um negócio para que ninguém precisasse fazer fila. Deveriam votar uma lei proibindo filas de espera.

> Acaba virando uma maluquice, né? Tente fazer isso na próxima vez em que lhe acontecer algo do tipo – você vai ver, é tiro e queda!

Eu me irrito quando fico preso(a) no engarrafamento.

> Deveriam proibir as pessoas de pegarem o trânsito no horário de pico!
> E, aproveitando o ensejo, deveriam proibir todos os que não dirigem tão bem quanto eu de dirigirem!
> E, acima de tudo, proibir aquelas malditas obras de melhoria e manutenção.

Obviamente, deveriam proibir:
- que as máquinas pifassem na hora em que quiséssemos usá-las;
- que as refeições não estivessem prontas quando estivéssemos com fome;
- que chovesse em dias de folga;
- que os chefes fossem incompetentes;
- que os políticos fossem ambiciosos e oportunistas;
- que os cachorros fizessem cocô nas calçadas;
-
-
-

Continue esta lista! Isso faz e lhe fará muito bem.

Estratégia antirraiva nº 1
Quando você se irritar, verbalize explicitamente como seria, segundo você, um mundo perfeito: o que seria preciso para você não ficar frustrad(d)a)? E rir, de tanto que essa ideia é irrealista...

Estratégia 2: mude de ponto de vista

"Qualquer coisa tem dois lados, um pelo qual podemos carregá-la, outro pelo qual não podemos carregá-la. Se teu irmão te lesar, não pegues a coisa pelo lado 'ele me ofendeu', mas sim pelo lado 'é meu irmão, criado junto comigo'."

Epíteto

Quando nos irritamos, comparamos mentalmente o que aconteceu com o que deveria acontecer ou deveria ter acontecido. Podemos então decidir mudar de ponto de vista para **relativizar** as coisas.

Exemplos:

Eu me irrito quando tenho de esperar na fila para ser servido(a).

    Sim, mas, pelo menos, eu vou ser servido(a). Em certos países, não tem nem lojas! Nem nada para comprar!

Eu me irrito quando o computador não funciona como deveria funcionar.

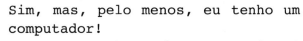

    Sim, mas, pelo menos, eu tenho um computador!
    Em certos países, isso nem existe!

Consideremos como uma sorte e um privilégio podermos nos beneficiar de tudo aquilo de que desfrutamos, em vez de ficarmos frustrados pelo que não funciona perfeitamente!

É uma sorte:
- ter à disposição máquinas para nos ajudar, mesmo que às vezes elas pifem;
- ter um trabalho, mesmo que às vezes ele seja extenuante ou chato;
- ter um(a) cônjuge, mesmo que ele(a) às vezes fique de cara fechada;
- ter filhos, mesmo que às vezes eles sejam desobedientes;
- estar vivo, mesmo que às vezes a gente fique doente.
-
-
-
-

Complete esta lista!
E não hesite em consultá-la toda vez que surgir a tentação de ficar nervoso(a).

Estratégia antirraiva nº 2

Quando você se irritar, mude de ponto de vista. Veja o lado positivo das coisas, e não o negativo, e considere o que está dando certo, em vez do que não está funcionando como você gostaria que funcionasse. O aborrecimento diminui proporcionalmente.

Estratégia 3: não é de propósito!

A intensidade da nossa raiva está à altura da intencionalidade que atribuímos àquilo que nos está aborrecendo. Quanto mais consideramos os acontecimentos como **deliberados** por alguém, mais nos irritamos.

Por exemplo, se um colega derruba sua xícara de café, fazendo o líquido respingar na gente...

Pequeno aborrecimento: "Foi um gesto desastrado! Pode acontecer com todo mundo!"

Irritação média: "Ele poderia ter prestado atenção! Ele não está nem aí, não é a camisa dele mesmo!"

Raiva: "Eu tenho certeza de que ele fez de propósito, porque sabe que eu tenho reunião com o chefe hoje à tarde!"

Considerar que os outros agem expressamente no intuito de nos prejudicar é o jeito mais certeiro de fulminar de raiva!

<u>Algumas situações em que você pensa que foi de propósito só para atormentá-lo(a):</u>

-
-
-
-
-

Pode até acontecer, sob o jugo da raiva, de atribuirmos intenções (prejudiciais) a objetos que não estejam obedecendo ao nosso comando...

Estratégia antirraiva nº 3

Quando você se irritar, considere o que estiver acontecendo como sendo o resultado do acaso ou do azar, e não de alguma intenção prejudicial (de propósito só para atormentá-lo(a)). A raiva perde então sua intensidade.

Estratégia 4: vamos filosofar!

Vamos repetir: não vivemos em um mundo ideal, mas sim no mundo real.

No mundo real, os acontecimentos fogem ao nosso controle. Eles não se submetem à nossa vontade.

Diante de cada fonte de aborrecimento, devemos nos perguntar: Será que eu posso mudar alguma coisa nessa situação?

Sim!
Ótimo, então!
Vamos agir e investir nossa energia em atos concretos.
Não adianta nada se irritar!

Não!
Só nos resta aceitarmos e nos desapegarmos...
Não adianta nada se irritar!

Exemplos:

É claro que, seu eu tivesse vindo fazer compras ontem, eu não teria tido de esperar... Mas, hoje, não tem jeito, vou ter de esperar.

Eu acabei de sujar minha camisa no restaurante! Posso fazer o que for, mas ela permanecerá manchada pelo resto do dia!

Cite três situações em que não adianta nada se irritar. E anote explicitamente por que o seu aborrecimento não muda(rá) nada.

1.

2.

3.

As raivas do passado não servem para nada e estragam a nossa alegria de viver. Aprenda a deixá-las para trás!

Estratégia antirraiva nº 4
Quando você se irritar, pergunte-se se você tem ou não o poder de mudar a situação que (a) está aborrecendo. Se sim, aja para mudá-la. Se não, é inútil se irritar.

➪ MÃOS À OBRA!
Assim como para aprender a ler ou andar de bicicleta, convém praticar para fazer com que as estratégias antir--raiva se tornem eficientes. Não basta refletir sobre elas, é necessário aplicá-las à realidade para que elas deem frutos.

Plano de ação

- Decida não se irritar com pequenas chateações diárias e repetitivas durante um período delimitado de antemão.

    Dica:

    Não espere que surja uma situação nova, mas prepare-se para enfrentar situações já conhecidas e repetitivas!

    Exemplo:

    Vou decidir não me irritar mais com relação a retenções no trânsito, amanhã de manhã na ida e amanhã à noite na volta.

- Em seguida, observe como você se sente e que mudanças isso traz para a sua vida.

    Exemplo:

    Eu sabia que teria de esperar. Avisei minha família que chegaria em casa um pouco mais tarde. Relaxei e escutei uma música agradável no rádio do meu carro.

- Por fim, decida com que frequência você vai continuar aplicando as estratégias antirraiva.

Comprometa-se!

Eu me comprometo a não me irritar mais com relação a .... durante o período de .... até ....

Objetivo alcançado/não alcançado

Eu me comprometo a não me irritar mais com relação a .... durante o período de .... até ....

Objetivo alcançado/não alcançado

Eu me comprometo a não me irritar mais com relação a .... durante o período de .... até ....

Objetivo alcançado/não alcançado

Eu me comprometo a não me irritar mais com relação a .... durante o período de .... até ....

Objetivo alcançado/não alcançado

Obs.:
Recaídas fazem parte do programa. Elas não significam fracasso nem ineficiência, mas sim um progresso no aprendizado das estratégias antirraiva.

O melhor para o final

> *"O que perturba os homens não são as coisas, mas sim as opiniões que eles têm delas."*
>
> Epiteto

Lembre-se: nada e nem ninguém pode irritá-lo(a), a não ser você mesmo(a)!

Somos os únicos que podemos nos irritar... e, portanto, os únicos que podemos decidir não nos irritarmos mais por qualquer coisinha.

Acesse a coleção completa em

livrariavozes.com.br/colecoes/caderno-de-exercicios

ou pelo Qr Code abaixo